Hier ist was foul!

© privat

Christian Tielmann wurde 1971 in Wuppertal geboren. Er studierte Philosophie und Germanistik in Freiburg und Hamburg. Heute lebt er in Köln und schreibt sehr erfolgreich Kinder- und Jugendbücher.

© Carlsen Verlag

Heribert Schulmeyer geboren 1954, studierte Illustration und freie Grafik in Köln, wo er heute noch als Illustrator lebt und arbeitet.

Christian Tielmann

Hier ist was foul!

Ein Fußballrätselbuch

Mit Illustrationen von
Heribert Schulmeyer

CARLSEN

Außerdem von Christian Tielmann im Carlsen Verlag lieferbar:
Die Rivalen
Ertappt! – Rätselkrimis
Erwischt! – Rätselkrimis
Geschnappt! – Rätselkrimis
Kommissar Schlotterteich lässt nicht locker
Geheime Nachrichten für Henrike
Oskar, Chili und die Tonka-Bande
Verflixt und zugeschneit!

Der Carlsen Verlag widmet sich im Jahr 2010, dem Jahr der Fußballwelt-meisterschaft in Afrika, einem ganz besonderen Projekt. Der Carlsen Verlag wird einen Beitrag dazu leisten, damit Kinder in Afrika eines ihrer Grund-rechte wahrnehmen können: ihr Recht auf Bildung! Denn auch im Jahr 2010 erhält dort jedes dritte Kind keinen Unterricht.
Ende 2004 startete UNICEF gemeinsam mit der Nelson Mandela Stiftung und der Hamburger Gesellschaft zur Förderung der Demokratie und des Völker-rechts die Aktion »Schulen für Afrika«, um Kindern in Afrika eine Grund-bildung zu geben. Der Carlsen Verlag macht mit und wird es ermöglichen, eine Schule in Angola zu bauen.
Mehr über diese Aktion gibt es auf www.carlsen.de/verlag/pixischule oder oder auf www.schulenfürafrika.de.

FSC
Mix
Produktgruppe aus vorbildlich
bewirtschafteten Wäldern und
anderen kontrollierten Herkünften
Zert.-Nr. SGS-COC-001940
www.fsc.org
© 1996 Forest Stewardship Council

Originalausgabe
Veröffentlicht im Carlsen Verlag
2 3 4   12 11 10
Copyright © 2010 Carlsen Verlag GmbH, Hamburg
Alle Rechte vorbehalten
Umschlagbild: Heribert Schulmeyer
Umschlaggestaltung: formlabor
Corporate Design Taschenbuch: Dörte Dosse
Gesetzt aus der Bembo von Dörlemann Satz, Lemförde
Druck und Bindung: GGP Media GmbH, Pößneck
ISBN 978-3-551-35927-8
Printed in Germany

Alle Bücher im Internet: www.carlsen.de

Inhalt

Du Hund!

»Ich bin dann mal beim Training!«, rief Tim Trickmann seiner Frau Trixi zu.

»Schon wieder?«, tönte es aus der oberen Etage zurück.

Tim Trickmann seufzte. Er liebte seine Frau wirklich über alles. Sie war klug und hatte das bezauberndste Lächeln der Welt. Nur konnte sie sich leider nichts merken, was mit Fußball zu tun hatte. Fußball schien ihr einfach vollkommen egal zu sein. Anders konnte sich Tim Trickmann jedenfalls nicht erklären, dass sie schon wieder vergessen hatte, dass seine neun- bis zehnjährigen Spieler der E-Jugend im großen Finale um den Schweinspokal angekommen waren. Dieser Pokal, der schon seit zehn Jahren vom Metzgermeister Hackebeil gestiftet wurde, war die größte Auszeichnung, die eine Jugendmannschaft in der Stadt erringen konnte. Selbst die Stadt- und die Landesmeisterschaft erregte nicht so viel

Aufsehen wie der Kampf um den Schweinspokal.

Selbstverständlich hatte Tim Trickmann daher
seiner Mannschaft Extra-Trainingseinheiten ver-
ordnet. Und ebenso selbstverständlich hatte seine
Frau Trixi dieses Extra-Training mal wieder vergessen.

»Es geht doch um den Schweinspokal!«, rief er
seiner Frau zu.

»Alles klar!«, antwortete sie. »Bringst du Wurst
mit?«

»Vom Training?« Tim Trickmann kratzte sich
ratlos am Hinterkopf. Seine Frau schien mal
wieder in Gedanken ganz woanders zu sein.

»Quatsch, entschuldige, Schatzi. Ich wollte sagen: Nimmst du Hasso mit?«

Trainer Trickmann sah sich nach seinem dicken
Hund um. Der lag mal wieder faul auf dem Sofa
und übte, wie ein Unschuldslamm zu gucken.
Das kannte Tim Trickmann schon – wenn Hasso
so guckte, dann führte er nichts Gutes im
Schilde. Dabei liebte Hasso (im Unterschied zu
Trixi Trickmann) Fußball über alles – schon als
Welpe hatte der Hund mehr als ein Fußballspiel
durcheinandergebracht, weil er auf das Feld ge-
stürmt und mit seiner vorlauten Schnauze ein

Tor geschossen hatte. Aber wenn Hasso so verflixt unschuldig guckte, dann hatte er bestimmt
wieder nichts als Unsinn im Kopf.

Deshalb rief Trickmann seiner Frau zu: »Hasso
bleibt hier, der hat keine Lust!« Dann wollte er
sich das Netz mit den sechs Fußbällen über die
Schulter hängen und das Haus verlassen. Aber als
er das Fußballnetz hochhob, war darin nur noch
ein einziger Ball!

»Hasso, du Hund!«, knurrte Trickmann.

Frage an dich: Wo hat Fußballfan Hasso die rest-
lichen fünf Bälle versteckt?

Training ohne Trainer

Jetzt regnete es auch noch! Trainer Tim Trickmann schnaufte wütend. Das fand er nicht witzig.

Und dass sein dicker Hund die Bälle versteckt hatte, fand er auch nicht witzig. Immerhin hatte seine E-Jugendmannschaft, der SC 1848, ein extrem wichtiges und extrem schwieriges Spiel vorzubereiten. Der Gegner im Finale um den großen Schweinspokal war niemand Geringeres als der BVN! Und der BVN hatte den Schweinspokal schon in den letzten beiden Jahren gewonnen. Jetzt endlich konnte der SC 1848 zeigen, was er draufhatte. Aber das konnte nur gelingen, wenn sie jede Minute zum Trainieren nutzten! Erst beim letzten Training hatte Trickmann seiner Mannschaft einen großen Vortrag über Pünktlichkeit gehalten. Vor allem Pia und Tori Flori, der Torwart der Mannschaft, kamen ständig zu spät zum Training. Trickmann hatte ihnen eine regelrechte Vorab-Strafpredigt gehalten. Und nun kam er selbst zwanzig Minuten zu spät!

»Tut mir leid, dass ich zu spät bin, Leute!«, sagte der Trainer, als er am Fußballplatz in der Südstadt ankam, auf dem der SC 1848 schon seit Ewigkeiten trainierte. »Hasso hat Osterhase gespielt und die Bälle als Ostereier benutzt! – Habt ihr euch schon aufgewärmt?«

»Na klar, Trainer, was denkst du denn?«, sagte Käpten Pitt, der Kapitän der Mannschaft. »Wir haben drei Runden um den Platz gedreht, haben uns gedehnt, dann haben wir ein bisschen mit dem Ball, den Paul dabeihatte, gedribbelt und in den letzten zehn Minuten haben wir schon mal ein knallhartes Torwarttraining für Tori Flori abgehalten.«

Tori Flori, der schmächtige, aber sehr begabte Torwart der Mannschaft, nickte und sagte seufzend: »Ich bin nur so über den matschigen Rasen geflogen, Trainer!«

Trainer Trickmann nickte zufrieden. Er war schon froh, dass sein Torwart anscheinend endlich einmal pünktlich zum Training erschienen war.

»Wunderbar, ganz wunderbar«, sagte Tim Trick-

mann. Aber dann stutzte er. Irgendetwas von dem, was Käpten Pitt erzählt hatte, konnte ganz und gar nicht stimmen!

Frage an dich: Was stimmt nicht?

Die drei goldenen Regeln

»Okay, dann können wir ja endlich loslegen!« Trainer Tim Trickmann zog seine Fußballschuhe an. Denn eins war für Trickmann so klar wie nur was: Wenn er von seinen Spielern verlangte, dass sie sich konzentrierten und top vorbereiteten, dann musste er selbst auch jede Übung mitmachen.

»Solange Tori Flori sich warm läuft, können wir schon mal eine kleine Übung mit den Bällen machen, um euer Ballgefühl und die Ausdauer zu stärken. Jeder von euch sucht sich eine Partnerin oder einen Partner.«

Tim Trickmann legte zwischen jeweils zwei Spieler einen Ball. »Jetzt stellt ihr immer abwechselnd einen Fuß auf den Ball und nehmt ihn wieder runter, ohne dass der Ball wegrollt!« Er klatschte einmal in die Hände. »Los!«

Alle Spieler folgten seinen Anweisungen und machten die Übung. Aber plötzlich rief Trainer Trickmann: »Aufhören! Aufhören! Das kann doch nicht wahr sein! Wir haben doch ausführlich beim letzten Training darüber gesprochen, dass wir nur dann eine Chance haben, den Pokal zu holen, wenn ihr alle gut mitmacht! Und zum Mitmachen gehört für mich was?« Er sah streng in die Runde.

Die Spieler sahen betreten zu Boden.

»Was ist? Hat es euch die Sprache verschlagen?

Es waren drei wichtige Regeln, die ihr alle einhalten müsst, damit ein gescheites Training möglich ist! – Was war Regel eins, Pia?«

»Pünktlich zum Training kommen!«

»Genau. Und Regel zwei, Paul?«

»Richtige Fußballklamotten anhaben!«

»Sehr gut. Und wie war noch mal Regel drei, Jamaika?«

»Wir sollen konzentriert unsere Übungen machen und auf dich hören, Trainer.« Der Stürmer mit der blonden Löwenmähne kratzte sich am

Hinterkopf. »Aber ich kapier nicht, warum du dich so aufregst! Hat denn gerade irgendjemand gegen eine der drei Regeln verstoßen?«

»Allerdings!«, knurrte Tim Trickmann.

Frage an dich: Wer hat gegen welche Regel von Tim Trickmann verstoßen?

Dribbling

Endlich kam die Sonne raus und ließ den Rasen dampfen. Das traf sich gut. Denn Trainer Trickmann hatte sich ein ganz besonderes Dribbeltraining ausgedacht. Die meisten seiner Spieler hatten sich angewöhnt den Ball etwas zu weit vom Körper wegrollen zu lassen. Gegen die Gurken aus Düdelsdorf war das nicht weiter schlimm gewesen. Gegen die hatte der SC 1848 trotzdem 5:0 gewonnen. Aber gegen Sascha Wollschläger und die anderen Jungs vom BVN würden sie jeden Zweikampf verlieren, wenn die Spielerinnen und Spieler sich nicht angewöhnten den Ball enger zu führen. Deshalb holte Trickmann, als der Regen endlich nachgelassen hatte, den Kreidewagen des Platzwarts aus dem Schuppen und streute weiße Schlangenlinien, die sich wie ein Labyrinth überschnitten, auf den Rasen.

»Gut! Wer von euch zuerst beim Tor ankommt,

22

hat gewonnen und darf die Mannschaften für das Trainingsspiel bestimmen«, rief er. Paul, Betty, Jamaika, Oskar Stoppersocke und Käpten Pitt waren die ersten fünf Spieler an den Startplätzen. Die fünf wollten sofort loslegen. Denn am Ende des Trainings kam immer das Fußballspiel dran. Und jeder von ihnen wollte unbedingt die Mannschaften dafür zusammenstellen. Aber Trickmann pfiff seine Leute noch einmal zurück: »Achtet darauf, dass der Ball nicht mehr als eine Handbreit von der Linie wegrollt. Auf die Plätze, fertig, los!«

Ist doch eh schon klar, wer von denen als Erstes am Tor rauskommt!, dachte Pia.

Frage an dich: Wer ist es?

Im Trainingslager

Am Wochenende vor dem großen Spiel fuhr
Tim Trickmann mit seiner Mannschaft ins Trainingslager. Es war zwar nicht gerade das Sport-
hotel Oberriedenscheidt, in das sie fuhren, sondern nur die Jugendherberge von Hinterfildern,
aber immerhin hatte der Herbergsvater ihnen
den Bolzplatz reserviert, so dass die Jungs und
Mädchen vom SC 1848 von Freitag bis Sonntag
trainieren konnten.

Es begann auch ganz schwungvoll: Am Freitag
war die Stimmung unter den Jungs und Mädchen super. Alle waren motiviert und sie freuten
sich ganz besonders auf die nagelneuen Trikots,
die der Trainer ihnen als Überraschung für das
Testspiel am Sonntag versprochen hatte. Denn
Tim Trickmann hatte extra ein Spiel gegen die
E-Jugend des VfB Hinterfildern organisiert.

Aber am Samstagabend war die Stimmung in der
Mannschaft plötzlich umgeschlagen. Tim Trick-

mann vermutete, dass es am Tee lag, den es zu jeder Mahlzeit gab. Sie trafen sich alle pünktlich um 18 Uhr im Speisesaal der Jugendherberge. Es gab labbriges Brot und schon wieder diesen Früchtetee. Tim Trickmann war einiges gewohnt, aber dieser Tee, der schmeckte wirklich entsetzlich. Außerdem passte es dem Trainer auch nicht so recht, dass der Herbergsvater genau festgelegt hatte, wie lange man essen durfte: Nach einer halben Stunde warf der die Mannschaft immer aus dem Speisesaal, damit er die Küche machen konnte. Aber das Essen war der Mannschaft anscheinend egal. Trotzdem hatte jeder irgendetwas zu meckern:

»Ich will morgen nicht wieder so saufrüh geweckt werden, Trainer!«, maulte Tori Flori, die Schlafmütze.

»Quatsch! Im Gegenteil – wir müssen morgen unbedingt früher raus«, hielt Käpten Pitt dagegen. »Ich will schon vor dem Frühstück trainieren!«

Tim Trickmann seufzte. Denen konnte er es jedenfalls nicht recht machen.

»Außerdem will ich endlich wissen, wie die neuen Trikots aussehen!«, sagte Oskar Stoppersocke.

»Kommt nicht in Frage!«, entschied Tim Trickmann. »Die Trikots bleiben bis zum Testspiel gegen den VfB Hinterfildern schön im Schrank in meinem Zimmer! Lass dich überraschen, Oskar. Du guckst dir doch auch nicht die Weihnachtsgeschenke vor der Bescherung an, oder?«

Oskar verdrehte die Augen und wollte noch etwas sagen, aber da meckerte Pia schon dazwischen: »Ich will endlich die Aufstellung wissen!«

Tim Trickmann schüttelte den Kopf. »Verrat ich noch nicht!«

»Warum nicht?«

»Weil ihr euch dann auf euren Positionen einrichtet. Aber ich will, dass jeder überall spielen kann!«

»Du hast doch die Aufstellung noch gar nicht gemacht«, sagte Pia. »Vermutlich weißt du sie selbst noch nicht!«

Tim Trickmann lachte. »Falsch geraten, Pia! In meinem Zimmer liegt ein verschlossener Umschlag. Und in dem steht, wer gegen den BVN auf welcher Position antreten wird.«

Pia guckte mürrisch. »Und? Werde ich im Sturm spielen?«

»Ich weiß, dass es dir schwerfällt, aber du musst einfach ein bisschen geduldig sein, Pia!«

Nach dem Essen half Tim Trickmann Paul und Jamaika noch beim Tischabdecken. Dann lief er in sein Zimmer. Er merkte sofort, dass jemand in seinem Zimmer gewesen war! Das Fenster stand sperrangelweit offen. Und er war sich ganz sicher, dass er das vor dem Essen geschlossen hatte. Vermutlich war der Eindringling aus dem Fenster geklettert, als Trickmann den Flur entlanggelaufen kam.

Tim Trickmann sah sofort nach, ob etwas gestohlen worden war, aber er vermisste auf den ersten Blick nichts.

Wer war hier drin und warum?, fragte sich Tim Trickmann. Plötzlich wusste er die Antwort.

Frage an dich: Wer war in Trickmanns Zimmer und warum?

Augenglühen und Fußschnupfen

Noch zwei Tage bis zum großen Spiel. Metzgermeister Hackebeil hatte inzwischen ausgelost, in welchem Stadion das Finale stattfinden sollte – es war ausgerechnet das Stadion des BVN in der Nordstadt.

Aber auch wenn es für den BVN ein Heimspiel werden würde – Tim Trickmann war zuversichtlich. Die ganze Mannschaft des SC 1848 schien bestens vorbereitet zu sein. Tim Trickmann hatte die Aufstellung noch einmal leicht geändert, aber die Taktik war klar auf den BVN abgestimmt. Vorne würden Käpten Pitt und Jamaika schon irgendwie alles klarmachen, da war sich Trickmann ziemlich sicher. Und die Viererkette Robert – Oskar Stoppersocke – Pia – Florian, die er hinten reingestellt hatte, war so dicht wie eine Betonwand. Daran würden sich Sascha Wollschläger und sein Kumpel Basti die Zähne ausbeißen. Trainer Trickmann saß zu Hause in seinem Wintergarten mit Kunstrasen, schob die Spielzeugmännchen, die er immer benutzte, wenn er sich die Taktik überlegte, beiseite und kraulte seinen dicken Hund Hasso hinter den Ohren.

Da klingelte das Telefon.

Es war Robert, der zentrale Abwehrspieler. »Ich kann am Samstag nicht spielen, Trainer«, sagte Robert. »Ich hab Augenglühen und meine Mutter hat gesagt, dass ich im Bett bleiben soll.«

Von dieser Krankheit hatte Trainer Trickmann zwar noch nie gehört, aber wenn Robert krank war, dann war er eben krank. Kaum hatte er aufgelegt, rief auch der zweite zentrale Abwehrmann, Oskar Stoppersocke, an. »Ich hab so 'ne Art Fußschnupfen«, jammerte er. »Ich kann am Samstag unmöglich spielen, tut mir echt leid!«

Jetzt wurde es Trainer Trickmann zu bunt. Irgendetwas stimmte nicht mit der Abwehr. Aber was? Wenn es jemand wissen konnte, dann Käpten Pitt. Also rief er den Mannschaftskapitän an.

»Ja, das dachte ich mir!«, sagte Käpten Pitt. »Und du wirst nicht glauben, wer dahintersteckt! Die beiden haben heute in der Schule Briefchen auf ihren Plätzen gefunden. Beide haben die Briefe

Ent
od
bist kran
mster ist a
matsche
am S
Sonn
!!!
weder du
ler dein Ha
amsAag
älle dur
ntag be
amstag
tag
Wenn D
bist od
Du da
Du am S
ler alle B
s am Mo
nicht kr
chlässt
euen !!!
ank
wirst

gelesen, dann zerrissen und in den Papierkorb geworfen. Danach fingen Oskar und Robert schlagartig an zu jammern. Angeblich ging es beiden total schlecht. Paul und ich haben die Papierfetzen dann aus dem Müll gezogen.«

»Und?«, fragte Trainer Trickmann.

»Das musst du dir selbst ansehen, Trainer!«, sagte Käpten Pitt. »Sonst glaubst du mir das eh nicht.«

Keine fünf Minuten später stand Tim Trickmann in der Küche von Käpten Pitt und betrachtete die Papierfetzen. Es dauerte ein bisschen, bis er kapiert hatte, was Käpten Pitt meinte. Dann aber kippte Trickmann fast aus den Latschen!

Frage an dich: Was steht auf den Briefchen?

Rotzfrech

Tim Trickmann stand nur für einen Augenblick fassungslos am Küchentisch seines Kapitäns. Dann aber raffte er sich auf und fragte: »Wer zum Kuckuck war das?«

Käpten Pitt und Paul waren sich einig: »Das ist die Handschrift von Sascha Wollschläger, dem Kapitän vom BVN.«

Tim Trickmann musterte seine zwei besten Spieler. »Seid ihr sicher?«

Die Jungs nickten. »Das sieht Sascha ähnlich!«

»Also gut, dann wollen wir doch mal hören, was der Kerl dazu zu sagen hat!« Tim Trickmann klebte die Papierfetzen mit Klebefilm zusammen, steckte sie ein und marschierte schnurstracks zu Familie Wollschläger. Und er hatte ausnahmsweise Glück: Herr Wollschläger öffnete ihm die Tür.

»Ist Sascha da?«

»Sitzt in seinem Zimmer«, sagte Saschas Vater

knapp. Er ließ Tim Trickmann in die Wohnung und deutete wortlos auf eine Tür.

Tim Trickmann klopfte an und betrat das Zimmer von Sascha Wollschläger.

»Was wollen Sie denn hier, Trickmännchen?«, fragte der Junge rotzfrech wie immer. »Ich wechsel die Mannschaft nicht! Wir vom BVN holen am Samstag den Pokal!«

»Aber nur mit fairen Mitteln! Sonst werde ich dafür sorgen, dass du überhaupt nicht mitspielst, Bürschchen!« Tim Trickmann wollte sich von diesem Jungen nicht auf der Nase herumtanzen lassen.

Sascha Wollschläger grinste und säuselte mit einer Unschuldsmiene, die Trickmann an seinen dicken Hund erinnerte: »Ich weiß gar nicht, wovon Sie reden!«

»Ich rede davon, dass du Robert und Oskar Stoppersocke Drohbriefe geschrieben hast!« Tim Trickmann warf die beiden Briefe auf Saschas Schreibtisch.

»Ich soll das geschrieben haben? Quatsch! Und wem soll ich das geschrieben haben? Ich kenne aus Ihrer Mannschaft doch nur Pitt – von den anderen Luschen weiß ich noch nicht mal die Namen! Wie heißen die? Stopperlocke? Ist ja lustig.«

Aber Tim Trickmann ließ sich nicht verschaukeln. Nicht von diesem Würstchen.

»Vergiss es, Sascha! Du wirst dich sofort bei Robert und Oskar entschuldigen! – Du hast dich selbst verraten!«

Sascha Wollschläger guckte nicht mehr wie ein Unschuldslamm. Er sperrte verdutzt den Mund auf und fragte: »Wie bitte?«

Aber Sascha hatte richtig gehört.

Frage an dich: Wie hat sich Sascha Wollschläger verraten?

Nicht mit Trickmann! Oder doch?

Das konnte Tim Trickmann nicht auf sich beruhen lassen. Es kam doch überhaupt nicht in Frage, dass ein Spieler der Gegenmannschaft versuchte seine Leute einzuschüchtern. Und dass dieser Sascha ihn auch noch so dreist angelogen hatte, brachte Tim Trickmann erst recht in Rage. Er schwang sich auf sein Fahrrad und sauste mit Käpten Pitt und Paul quer durch die Stadt zu Hans Heiser, dem Trainer des BVN.

Tim Trickmann und Hans Heiser waren nicht gerade dicke Freunde. Die beiden Trainer waren so verschieden wie Tag und Nacht. Hans Heiser machte niemals auch nur eine einzige Übung mit. Er saß meistens auf der Bank, hatte eine Trillerpfeife, um sich Gehör zu verschaffen, und er trichterte seinen Spielern vor allem ein, dass sie nicht verlieren durften. Außerdem wehrte sich Heiser mit Händen und Füßen dagegen Mädchen in die Mannschaft aufzunehmen.

Das verstand Tim Trickmann überhaupt nicht. Betty und Pia spielten echt gut, sie hatten ebenso viel Kraft in den Beinen wie die Jungs und an ihrer Ausdauer gab's auch nichts auszusetzen.

Aber an diesem Donnerstag vor dem Spiel war Tim Trickmann das alles egal. Er wollte nur, dass Hans Heiser seinen Kapitän Sascha Wollschläger wieder zur Vernunft brachte!

Hans Heiser saß wie immer im Lokal des BVN, aß Pizza mit Pommes und lachte nur, als Tim Trickmann, Käpten Pitt und Paul ihm die Droh-

briefe zeigten. Und auch als Trickmann ihm sagte, dass er den Kapitän des BVN bereits überführt habe, zeigte sich Hans Heiser nicht besonders beeindruckt. »Klar, das sieht meiner Nummer 7 ähnlich«, gab der Trainer sofort zu. »Aber das meint der nicht so.«

»Wie bitte?«, fragte Trainer Trickmann.

Hans Heiser verdrehte nur die Augen. »Also, mein lieber Trickmann, mit Sascha ist das so: Er ist ein super Fußballer, das ist gar keine Frage. Aber er hat so seine Macken, müssen Sie wissen.

Der macht einfach gerne mal ein Späßchen. Das ist alles. Nehmen Sie diese Drohbriefe also bitte nicht ernst. Schmeißen Sie die einfach weg und Schwamm drüber, okay?«

»Nein, das ist nicht okay! Von wegen Schwamm drüber!«, riefen Käpten Pitt und Paul. »Sascha weiß ganz genau, was er tut! Der macht niemals Spaß! Der meinte das alles ernst!«

Auch Tim Trickmann wollte Hans Heiser erst nicht so recht glauben. Er machte schon den Mund auf, um dem Trainer des BVN eine gepfefferte Antwort an den Kopf zu werfen. Aber dann überlegte es sich Tim Trickmann plötzlich anders. Er pfiff Käpten Pitt und Paul zurück. Denn Hans Heiser schien tatsächlich die Wahrheit zu sagen – vermutlich war das alles eben doch nur ein Witzchen von Sascha′ gewesen.

Frage an dich: Warum ist sich Tim Trickmann da plötzlich so sicher?

Streng geheim

»Wo hast du den Zettel denn wieder her?«, fragte Tim Trickmann Käpten Pitt, als sie vor dem Vereinslokal des BVN standen.

»Ist das etwa noch ein Drohbrief?«, fragte Paul neugierig.

»Ich weiß nicht. Das lag unter dem Tisch, an dem Heiser gegessen hat«, sagte Käpten Pitt. »Scheint ihm aus der Tasche gefallen zu sein.« Der Kapitän des SC 1848 grinste.

»Und so einen Zettel nimmst du einfach mit?«, fragte Tim Trickmann entsetzt. »Hast du noch nie etwas von Datenschutz gehört?«

»Was heißt da Datenschutz?«, fragte Käpten Pitt empört. »Den Zettel auf dem Boden liegen zu lassen wäre doch wohl Umweltverschmutzung gewesen!«

Tim Trickmann musste lachen. Pfiffig waren seine Spieler jedenfalls – egal ob sie gewinnen würden oder nicht. Sie betrachteten den Zettel,

1. Netsrot
2. Trebiveh
3. Nivk
4. Sinned
5. Naitsirhc
6. Nimajneb
7. Ahcsas
8. Nilodurf-Sakul
9. NEVS
10. Jdur
11. Naitsabes

der dem Trainer des BVN vermutlich aus der Hosentasche gefallen war.

»Das ist die Aufstellung«, sagte Käpten Pitt.

»Ja, aber ich kenne keinen einzigen Namen! Der Mistkerl hat in Geheimschrift geschrieben!«, schimpfte Tim Trickmann.

Paul lachte. »Ich kann euch sagen, wer auf welcher Position spielt!«

Frage an dich: Wie lautet die Aufstellung des BVN?

Fair geht vor!

Tim Trickmann konnte nicht gut schlafen. Irgendwie hatte er ein schlechtes Gewissen. Er kannte jetzt die Aufstellung der Gegner. Aber die Art, wie sie an diese Aufstellung gekommen waren, war einfach nicht ganz korrekt – und das ging ihm gegen den Strich.

»Was ist denn?«, fragte seine Frau, als er sich im Bett hin und her wälzte.

»Ich muss Hans Heiser noch mal vor dem Spiel sprechen, damit alles fair zugeht.« Tim Trickmann drehte sich wieder um.

»Hans Heiser? Ist das der Stürmer aus Düdelsdorf, der immer den Ball schachmatt schießt?« Trixi Trickmann gähnte.

»Nein, Heiser ist der Trainer der E-Jugend des BVN.«

»Ach der! Da mach dir mal keine Sorgen wegen Fairness. Der Schreihals hat doch mit Fairness so viel am Hut wie Winnetou mit Gummibärchen!

Sag mir lieber noch einmal, was das E im Wort ›E-Jugend‹ bedeutet«, sagte seine Frau. »Dass die elektrische Fußballschuhe haben?«

Tim Trickmann gab es auf. Seine Frau würde es sich niemals merken können. Aber was Heiser betraf, hatte sie Recht – Fairness war nicht seine Sache.

Das fiel Trickmann am nächsten Tag auf, als er noch einmal zum Vereinshaus des BVN radelte. Die Jungs vom BVN hielten gerade ihr letztes Training vor dem großen Spiel ab. Der Spieler mit der 10 fiel Trickmann gleich auf – der Typ war mindestens einen Kopf größer als alle anderen! – Einen so großen Spieler hatte Trickmann noch nie in der E-Jugend gesehen.

»He, Tricksi, wollen Sie hier etwa spionieren, oder was? Stören Sie das Training nicht! Verschwinden Sie!«, brüllte Hans Heiser los, als er Tim Trickmann am Spielfeldrand bemerkte.

»Ich wollte doch nur …«, verteidigte sich Trickmann.

Aber Hans Heiser dachte gar nicht daran, ihn ausreden zu lassen. »Was auch immer Sie wollen: Es ist mir egal! Lassen Sie uns in Ruhe trainieren! Ich will Ihre neugierigen Augen auch nicht hinter der Hecke sehen!«

»Es geht um die Fairness! Ich muss Ihnen was sagen«, versuchte Tim Trickmann es noch mal.

Hans Heiser willigte endlich ein: »Also gut, warten Sie in der Kabine, bis ich mit dem Training meiner Jungs fertig bin!« Heiser schüttelte den Kopf. »Das haben Sie sich wohl so gedacht, dass Sie meine E-Jungs vor Samstag noch einmal studieren können, wie?«

»Und Finger weg von Rudis Geburtstagstorte!«, rief Sascha Wollschläger Tim Trickmann noch nach.

Rudi? Den Namen hatte Trickmann doch schon mal irgendwo gehört. Genau! Das ist die Nummer 10 des BVN.

Trickmann ging in die Umkleidekabine des BVN. Und das alles nur, weil sie einen Zettel gefunden hatten, auf dem die Aufstellung des BVN gestanden hatte …

»Fair geht vor!«, murmelte Tim Trickmann. Aber dann rieb er sich die Augen. Er wurde sauer. Er wurde sogar stinksauer auf Hans Heiser. Die Aufstellung konnte der Trainer des BVN jetzt so oder so vergessen!

Frage an dich: Was hat Trainer Trickmann entdeckt?

Der große Tag

Endlich war er da: Der große Tag. Der Tag der Entscheidung. Der Tag des Finales!

Tim Trickmann war schon früh aufgestanden. Er hatte sich dreimal umgezogen, weil er sich nicht entscheiden konnte, ob er lieber in Jeans und T-Shirt, im Trainingsanzug oder in seinem blauen Sonntagsanzug zum Spiel erscheinen sollte. Am Ende hatte er sich doch für die blaue Jeans und das orange T-Shirt entschieden – so trug er die Farben des SC 1848 und war trotzdem einigermaßen lässig gekleidet. Und lässig wollte er aussehen.

»Ich geh schon mal los!«, rief Tim Trickmann seiner Frau Trixi zu.

»Okay, ich komme später nach, Schatzilein!«, antwortete seine Frau. »Nimmst du Hasso mit? Oder hat der wieder keine Lust?«

Der dicke Hund lag auf dem Sofa, hob träge den Kopf.

»Los, Hasso, du bist ein Hund und kein Faultier! Komm mit!«, rief Tim Trickmann.

Er schwang sich auf sein Klapprad und radelte Richtung Nordstadt, zum Stadion des BVN. Er fuhr ziemlich langsam, damit sein dicker Hund noch mitkam.

Auch Käpten Pitt, die Zwillinge Paul und Pia, Jamaika und sogar Tori Flori waren schon früh aus den Betten geklettert. Die gesamte Mannschaft erschien wie verabredet eine Stunde vor dem Anpfiff im ziemlich großen Stadion der Gastgeber, um sich warm zu laufen.

Tim Trickmann stieg vom Rad, pfiff Hasso zu sich und marschierte direkt auf den Rasen, wo sich die Mannschaft schon versammelt hatte. Alle pünktlich und frisch gewaschen! Wunderbar.

»Wir sind vollzählig und können loslegen, Trainer!«, sagte Käpten Pitt.

Aber dann bekam Tim Trickmann einen Anfall: »Was soll denn der Mist! Könnt ihr nicht ein einziges Mal alle eure Aufgaben erledigen! Das gibt's doch nicht!«

Die Spielerinnen und Spieler der E-Jugend des SC 1848 sahen sich an. Sie hatten zwar alle ihrem Trainer an der Nasenspitze angesehen, dass

er vor dem großen Spiel um den Schweinspokal saumäßig nervös war. Aber warum er so ausrastete, das kapierten sie alle nicht.

Frage an dich: Wer hat denn was falsch gemacht?

Vor dem Anpfiff

Die Zeit bis zum Anpfiff verging mal wieder wie im Flug. Auch die Jungs vom BVN waren schon früher aufgetaucht, um sich aufzuwärmen. Sascha Wollschläger grölte gleich zur Begrüßung,

dass das Finale für den BVN ein Heimspiel sei.

»Wir werden den Schweinspokal verteidigen und unsere Fans werden uns auf Händen aus diesem Stadion tragen!« Der Kapitän des BVN grinste fett wie ein Brathähnchen.

»Das werden wir sehen!«, gab Käpten Pitt zurück. »Ich wette, dass du morgen früh ein hübsches Foto vom Pokal in der Zeitung sehen wirst! Und *wir* werden ihn in der Hand haben!«

Sascha Wollschläger lachte und wollte etwas erwidern, aber Tim Trickmann zog sich mit seiner Mannschaft schnell in die Kabine zurück.

»Also Leute, lasst euch nicht irremachen! – Wir kennen die neue Aufstellung des BVN nicht. Sicher ist nur, dass Rudi nicht mitspielt. Den habe ich höchstpersönlich aus der E-Jugend verbannt. Aber macht euch nichts vor: Die Jungs vom BVN sind auch so eine harte Nuss. Aber eine Nuss, die ihr knacken könnt!« Er sah von Käpten Pitt über Pia und Paul bis rüber zu Tori Flori. »Denkt nach vorne, blockt nach hinten und bleibt einfach niemals stehen! Lauft euch frei, frei, frei! – Aber egal was da oben gleich für eine Stimmung im Stadion ist: Bleibt fair!«

Oskar Stoppersocke lachte: »Was soll da oben schon für eine Stimmung sein? Sascha gibt doch nur an! Die vom BVN kriegen ihr Stadion doch niemals voll. So viele Fans haben die Jungs der E-Jugend nicht.«

Aber da irrte sich Oskar. Denn als die Mannschaft raus auf das Feld trabte, war das Stadion voll! Es war ganz unglaublich voll. Es war voll besetzt bis zum letzten Stehplatz!

»Gibt's doch gar nicht!«, sagte Käpten Pitt.

»Da stimmt was nicht!«, murmelte auch Tim Trickmann.

Frage an dich: Schau genau hin! Weißt du, was nicht stimmt?

Anpfiff!

Es kribbelte in Tim Trickmanns Bauch. Es juckte in seinem rechten Fuß. Er wusste, dass dieser Tag in die Vereinsgeschichte des SC 1848 eingehen würde, wenn sie nur ein bisschen

Glück haben würden. Er konnte es kaum erwarten, dass der Schiedsrichter das Spiel endlich anpfeifen würde. Aber der Anpfiff verzögerte sich, weil der Schiedsrichter erst noch den Fans, die sich im Stadion geirrt hatten, erklärte, wie sie zum Waldparkstadion kamen, um das Spiel der Bundesliga-Mannschaften zu sehen.

Und als die falschen Fans endlich abgezogen waren, mussten erst noch die Seiten ausgelost und die Wimpel übergeben werden. Käpten Pitt vom SC 1848 trabte zum Mittelkreis. Vom

BVN kam Sascha Wollschläger. Der Schiedsrichter wollte, dass sie sich die Hand gaben. Käpten Pitt streckte seine auch bereitwillig aus, aber wenn sich Tim Trickmann nicht verguckte, dann schien Sascha Wollschläger tatsächlich darauf spucken zu wollen! Dieser Typ war ja ekelhaft! Zum Glück reichte ein strenger Blick des Schiedsrichters, um den Kapitän des BVN zur Vernunft zu bringen. Die beiden Jungen tauschten die Wimpel aus. Der Schiedsrichter warf die Münze. Der BVN bekam den Anstoß.

Paul fummelte noch irgendetwas an seinen Schuhen herum.

»Paul, mach schneller! Es geht jeden Augenblick los!«, rief Trainer Trickmann seinem Mittelfeldspieler zu.

»Geht klar, Chef!«, antwortete Paul, knotete seine Schnürsenkel zu und sprang auf.

Tim Trickmann wartete auf den Anpfiff. Er sah auf die Uhr. Die Zeit schien plötzlich stillzustehen. Der Schiedsrichter setzte endlich seine Pfeife an die Lippen. Aber es ertönte kein Pfiff.

Tim Trickmann zupfte sich am Ohrläppchen. Hatte er sich verhört? Aber auch Hasso, der ziemlich gute Ohren hatte, hob erwartungsvoll den Kopf und glotzte Tim Trickmann verwundert an. Der Schiedsrichter ließ die Pfeife wieder sinken und wartete, bis alle Spieler und sogar die Zuschauer zu ihm sahen. Was war los?

Frage an dich: Warum wollte der Schiedsrichter das Spiel nicht anpfeifen?

Aufgepasst!

»Auf geht's, Leute!«, feuerte Tim Trickmann seine Mannschaft an.

Endlich rollte der Ball! Der BVN stürmte ziemlich kopflos nach vorne. Anscheinend fehlte Rudi eben doch mehr, als Tim Trickmann gedacht hatte.

Paul konnte einem Angreifer des BVN den Ball geschickt vom Fuß wegpflücken und dribbelte los.

»Vorsicht, lass den Ball eng am Körper, Paul«, flehte Tim Trickmann vor sich hin.

Aber Paul hatte schon längst gesehen, dass Käpten Pitt links aus der Deckung seines Gegenspielers laufen wollte. Präzise wie eine Wurfmaschine flankte Paul das Leder über das Feld. Käpten Pitt sprintete los, erwischte den Ball auch, kam aber nicht zum Schuss, weil er von zwei Gegenspielern in die Zange genommen wurde. Die beiden Abwehrspieler des BVN

machten ihre Sache gut, das musste man ihnen lassen! Sie standen wie eine Mauer, ließen Käpten Pitt nicht vorbei, und als der eine es sogar schaffte, ihm den Ball vor den frisch geputzten Fußballschuhen wegzuspitzeln, haute der andere das Leder mit viel Gewalt in die Hälfte des SC 1848, wo Sascha Wollschläger mit mehr Glück als Verstand bereitstand. Der breite Kapitän des BVN trickste sogar Oskar Stoppersocke aus!

»Wo ist der Rest der Abwehr? Pia, wo bist du?«, schrie Tim Trickmann.

Aber inzwischen täuschte Sascha vom BVN eine Flanke an und schoss dann doch selbst aufs Tor. Tim Trickmann konnte kaum hinsehen! Tori Flori stand ein bisschen zu weit draußen. Das Leder sauste auf das Tor des SC 1848 zu. Tori Flori sprang hoch … aber was war das? Der Ball war noch nicht im Netz, da pfiff der Schiedsrichter ab. Als der Ball im Netz zappelte, jubelte der BVN. Aber nur kurz. Denn diesen ersten Treffer wollte der Schiedsrichter nicht gelten lassen.

Frage an dich: Weißt du, warum nicht?

Was ist bloß mit dem Schiri los?

»Schiri, bist du blind oder blöd oder beides?«, schrie Hans Heiser.

Der Schiedsrichter guckte streng zur Trainerbank.

»Ja, da kannst du glotzen!«

»Noch so eine Frechheit und ich schicke Sie vom Platz, Herr Heiser!«, rief der Schiedsrichter dem Trainer des BVN zu.

Tim Trickmann verstand gar nicht, warum sich Heiser so aufregte. Der Schiedsrichter schien wirklich nicht seinen besten Tag zu haben – aber das war doch für den BVN nur von Vorteil: Zwei Fouls der Abwehrspieler des BVN hatte er übersehen und sogar das Handspiel vom Stürmer des BVN hatte er nicht mitbekommen.

Pia flankte zu ihrem Bruder Paul, der den Ball gleich an Jamaika weitergab. Der SC 1848 stürmte vor. Nur Oskar Stoppersocke und Tori Flori waren noch in der Hälfte des SC 1848.

»Das Ding geht rein!«, feuerte Tim Trickmann seine Mannschaft an.

Auch die Fans schrien: »SC, SC, SC!«

Jamaika ließ seine Beine tanzen. Der Ball schien an seinem Fuß zu kleben, er ließ einen, zwei, drei Gegner stehen und stürmte über die rechte Seite vor. In der Mitte zogen Käpten Pitt und Robert mit! Nun erst bog Jamaika ab in den Strafraum. Was hatte er vor? Wollte er etwa auch noch an Kevin und Dennis vorbei?

Das schienen auch die Abwehrspieler zu befürchten. Gerade als Jamaika zum Schuss aufs Tor ausholte, trat ihn Kevin einfach um! Vor den Augen des Schiedsrichters! Das war nicht nur ein klarer Elfmeter, sondern auch eine genauso klare rote Karte!

Der Schiedsrichter zögerte keine Sekunde.

Aber was tat Kevin vom BVN? Der lachte sich schlapp! Das war ja wohl die Höhe! Was gab's denn da zu lachen?

Frage an dich: Was ist so lustig?

Ertappt, erwischt und geschnappt!

Während Kevin, als er doch noch die rote Karte gesehen hatte, mit gesenktem Kopf auf die Bank trottete, legte sich Jamaika den Ball für den Strafstoß zurecht. Der Torwart des BVN ging in die Knie. Die Fans hielten den Atem an. Im ganzen Stadion war es für einen Augenblick mucksmäuschenstill. Dann endlich gab der Schiedsrichter den Ball mit einem kurzen Pfiff frei. Jamaika nahm Anlauf und ballerte einfach aufs Tor. Der Ball setzte noch einmal vor dem Tor auf und sauste dann auf die rechte Ecke zu. Der Torwart sprang, machte sich lang, aber er kam nicht an das Leder heran. Die Kugel zappelte ins Netz!

»Tooooooor!«

1:0 für den SC 1848. Tim Trickmann sprang von seinem Sitz auf und jubelte, während Hans Heiser keinen noch so heiseren Ton mehr herausbrachte.

Aber da tippte jemand Trickmann auf die Schulter. »Hallo Tim, alter Junge. Hast du zufällig August, den Ausbrecher, hier gesehen?«

Trainer Tim Trickmann drehte sich. Hinter ihm stand sein alter Kumpel Kommissar Schlotterteich! Der war schon seit Ewigkeiten bei der Polizei und berühmt dafür, dass er früher oder später jeden Ganoven ertappte, erwischte oder schnappte. Aber in diesem Fall konnte ihm Tim Trickmann leider nicht weiterhelfen.

»Tut mir leid, Schlotterteich. Meine Mannschaft hat gerade das 1:0 geschossen, ich habe niemanden gesehen. Was ist denn passiert?«

Schlotterteich zog die Stirn in Denkfalten. »Ganz seltsamer Fall: Der Gefängnisdirektor Herr Armin hat mich schon gestern gerufen, weil August der Ausbrecher angekündigt hatte, er werde am Sonntag zum 22. Mal ausbrechen. Das war natürlich ziemlich dämlich von ihm, das so genau anzukündigen, dachten wir. Aber wer so oft aus dem Gefängnis ausgebrochen ist wie August, der wird eben übermütig. Also bin ich gleich am Freitag ins Gefängnis geeilt und habe mir die Zelle von August mal angesehen. Wir haben alle Schlösser ausgewechselt, haben ihm eine von unseren uralten Fußkugeln angelegt und beschlossen, dass ab morgen ein Wachtposten vor der Zelle sitzt. Aber August, der Schuft, ist schon heute beim Hofgang über den Zaun geklettert und weggelaufen. Er kann zwar nicht sehr schnell vorangekommen sein wegen der Fußkugel. Aber immerhin war er schnell genug, um mich abzuhängen.« Schlotterteich wischte sich den Schweiß von der Stirn. »Vor dem Stadion habe ich seine Spur verloren. Aber es würde mich nicht wundern, wenn dieser ausgebuffte Halunke sich hier irgendwo versteckt hat.«

»August der Ausbrecher?«, fragte Tim Trickmann. »Meinst du nicht, dass der längst zum
Flughafen gerannt und in die erstbeste Maschine
nach Honolulu gesprungen ist?«
Aber Schlotterteich war sich sicher. »Der ist nir-
gendwo hingeflogen. Und der wird auch nir-
gendwo hinfliegen!«

Frage an dich: Wo hat sich August der Ausbrecher
versteckt?

Schiedsrichter und Ampeln

Tim Trickmann raufte sich die Haare. Mit dem Schiedsrichter wollte er nicht tauschen. Schiedsrichter waren wie Ampeln: Jeder regt sich über sie auf, aber ohne sie tobt das Chaos.

An diesem Samstag allerdings schien auch *mit* Schiedsrichter das Chaos zu toben.

Der BVN griff mal wieder mit Sascha Wollschläger, dem Jungen mit der Nummer 7, an. Der ging wie immer durch die Mitte. Rechts bot sich Benjamin mit der 6 an.

»Zu mir!«, schrie Benjamin.

»Passt auf, Leute!«, rief Tim Trickmann seiner Abwehr zu.

Auf der linken Seite lief sich nun auch noch Lukas, die Nummer 8 des BVN, frei. »Nicht zu Ben, schieß zu mir, Sascha!«

»Nein, schieß nicht wieder zu Lukas, der vermasselt doch eh alles!«, schrie Benjamin vom BVN. Während sich die Spieler des BVN noch stritten, rannten Käpten Pitt und Paul auf Sascha Wollschläger zu. Als Sascha Paul kommen sah, fackelte er nicht lange: Von dem Mittelfeldspieler des SC 1848 wollte sich der Kapitän des BVN den Ball nicht noch einmal abnehmen lassen. Da schoss er lieber selbst aufs Tor.

Sascha wagte einen Gewaltschuss. Das Leder sauste auf das Tor zu. Tori Flori sprang hoch und konnte den Ball gerade noch über die Latte lupfen!

»Gut gemacht!«, lobte Tim Trickmann seine Mannschaft, während Hans Heiser schrie und tobte.

Ecke für den BVN. Jetzt ging es richtig rund! Im wilden Gerangel im Strafraum konnte selbst Tim Trickmann nicht mehr erkennen, was genau da passierte.

»Foul!«, schrien manche Spieler, kaum dass der Ball in der Luft war.

»Quatsch nicht!«, hielt irgendjemand dagegen.

Tim Trickmann sprang von seinem Sitz auf. Was passierte da? Es war nur ein regelrechtes Knäuel aus Armen, Beinen und Köpfen zu erkennen, das sich im Strafraum des SC 1848 gebildet hatte. Irgendjemand erwischte den Ball und das Leder sauste ins Tor.

»Tooooor!« Die Fans des BVN jubelten.

Der Schiedsrichter ließ das Tor gelten. 1:1.

Aber die Spieler des SC 1848 beschwerten sich.

Jetzt möchte ich nicht Schiedsrichter sein, dachte Tim Trickmann. Denn er wusste selbst nicht so recht, ob es richtig war, das Tor gelten zu lassen, oder ob der Schiedsrichter eigentlich vorher hätte abpfeifen müssen.

Frage an dich: War es richtig vom Schiedsrichter, dieses Tor gelten zu lassen?

Konzentration!

Fehlentscheidung hin oder her: Kurz vor der Halbzeitpause raffte sich die Mannschaft des SC 1848 noch einmal zu einem richtig ordentlichen Gegenangriff auf.

Tim Trickmann konnte seinen Leuten schon ansehen, dass sie geschafft und k.o. waren. Sie waren alle viel gelaufen. Aber sie hatten das Zeug in den Knochen, dieses 1:1 noch vor der Pause in ein 2:1 für den SC 1848 zu verwandeln.

»Los, Leute! Konzentration!«, rief er von der Seite. Denn wenn sich seine Mannschaft wirklich konzentrierte, wenn sich immer alle anboten und schön nach vorne dachten, dann konnten sie noch vor dem Pausenpfiff in Führung gehen, da war sich Tim Trickmann sicher.

Käpten Pitt schob die Kugel rüber zu Jamaika, der zu Paul passte. Und Paul schien verstanden zu haben! Er stürmte über die linke Seite vor. Auch Betty und Pia rückten nach und boten sich an.

Gerade als Paul die Flanke in den Strafraum drosch, dachte Tim Trickmann, dass einfach alle seine Spieler so konzentriert sein müssten wie Paul.

»Wenn meine Leute sich nur nicht immer so leicht ablenken lassen würden«, murmelte Tim Trickmann.

Frage an dich: Wen meint der Trainer?

Der Bogenschuss

Schüsse kann man nicht küssen. Aber wenn man einen Schuss küssen könnte, dann hätte Trainer Tim Trickmann am liebsten die Bogenschüsse von Paul mit Küssen zugekleistert – der Junge war einfach große Klasse: Er konnte einen Ball so anschneiden, dass er regelrecht um die Ecke flog. Paul hatte diese Kunst inzwischen so gut trainiert, dass er genau auf die Köpfe seiner Freunde Jamaika und Pitt zielen konnte.

Diesmal sprang Jamaika hoch, doch er verpasste den Ball. Hinter ihm stand auch noch Pia, die das Leder aber auch nicht erreichte. Es war Käpten Pitt persönlich, der die Kugel auf den Fuß bekam und mit einem herrlichen Fallrückzieher aufs Tor lenkte.

Tim Trickmann sprang von der Bank auf und hielt den Atem an. Noch eine Minute bis zur Pause. Das Ding musste einfach drin sein! Doch

der Ball landete sicher in den Armen des Tor-
manns, der genau auf der Torlinie stand.

Tim Trickmann ließ den Kopf hängen und rief
seinen Spielern zu: »Schön gemacht! Dranblei-
ben, Leute!«

Aber statt in die eigene Hälfte zurückzulaufen,
rannten Pitt, Paul und Jamaika auf den Schiedsrichter zu. Pitt hatte einen knallroten Kopf vor
Wut. Auch Jamaika und Paul gestikulierten wild
herum. Über irgendetwas schienen die drei sich
wahnsinnig aufzuregen.

Frage an dich: Worüber beschweren die drei sich
beim Schiedsrichter?

Zwei gegen fünf

»Ihr macht das gut. Aber denkt dran, wir müssen noch mindestens ein Tor schießen!«, sagte Tim Trickmann in der Halbzeitpause.

»Schaffen wir!«, sagte Käpten Pitt.

Und auch Paul nickte entschlossen: »Ein Glück, dass die vom BVN sich untereinander so uneinig sind.«

»Sind sie das?«, fragte Tim Trickmann.

Paul, Pia und Pitt lachten. »Na klar, Chef! Ist dir noch nicht aufgefallen, dass Sascha mit der 7 nur dann zu Lukas passt, wenn Benjamin nicht frei ist? Und Benjamin, der mit der 6, der ist mit Lukas, das ist der mit der 8, so zerstritten, dass der dem den Ball selbst dann nicht geben würde, wenn der völlig frei und allein vor dem Tor stünde!«

Tim Trickmann nickte. Er hatte auch schon mitgekriegt, dass es Unstimmigkeiten zwischen den Spielern des BVN gab. Dass die Streiterei in der gegnerischen Mannschaft so weit ging, hatte er allerdings nicht gewusst.

»Benjamin ist eh ein Feigling«, warf nun Pia ein. »Der macht nichts alleine und schießt immer nur zu seinen Freunden Sascha und Basti.«

Die anderen nickten.

»Wer war noch mal Basti?«, fragte Tim Trickmann.

»Der Stürmer mit der 11«, antwortete Käpten Pitt. »Extrem torgefährlich.«

»Aber nur, wenn er an den Ball kommt.« Oskar Stoppersocke grinste.

»Klar, aber den kann er jederzeit kriegen. Wenn nicht von Benjamin, dann eben von Lukas mit der 8. Denn der spielt immer direkt nach vorne.«

»Ja, aber Lukas kriegt den Ball von Sascha echt nur dann, wenn Sascha weiß, dass über Ben nichts laufen wird, weil der eh nur an Basti weitergibt«, gab Paul zu bedenken.

Sie liefen zurück aufs Feld. Die zweite Halbzeit war kaum angepfiffen, als der SC 1848 auch schon seinen ersten Angriff startete. Dummerweise wurde der vom BVN abgewehrt und mit dem schnellen Konterangriff des BVN hatte die Mannschaft vom SC 1848 wohl nicht gerechnet!

»Aufpassen! Zurück! Zurück!«, schrie Tim Trickmann, aber es war schon zu spät: Nur Pia, Paul und natürlich Tori Flori waren noch in der Hälfte des SC 1848. Und die sahen sich nun fünf Gegenspielern des BVN gegenüber: Sascha (7) war am Ball, Paul rannte ihm entgegen. Paul wusste, dass er Sascha im Zweikampf besiegen konnte, und er wusste auch, dass Sascha das nicht riskieren würde. Rechts von Sascha bot sich Ben (6) an, links von Sascha stand Lukas (8) frei. Paul sah sich einmal zu seiner Schwester um. Sie musste sich entscheiden, ob sie Basti (11) oder Sven (9) deckte, die beide frei standen.

Tim Trickmann hielt den Atem an. Aber Pia und Paul, die sich aufs Heftigste stritten, schienen sich an diesem Samstag blind zu verstehen: Pia deckte Basti und Paul lief Sascha entgegen.

Paul grinste überlegen. Sascha musste sich entscheiden, ob er den Ball zur 6 oder zur 8 schoss. Und so wie Paul die streitenden Jungs vom BVN kannte, kam da nur einer in Frage. Paul wartete, aber er war schon bereit den Ball wegzugrätschen, den Sascha garantiert auf … abspielen würde.

Frage an dich: An wen wird Sascha den Ball abgeben?

Rangelei im Strafraum

Paul hatte den Ball ins Aus gelenkt. Einwurf für den BVN. Lukas auf Sven. Sven rannte auf das Tor zu, zögerte, schoss – der Ball sauste durch die Luft, das würde das 2:1 für den BVN bedeuten und es waren nur noch vier Minuten zu spielen!

Tori Flori sprang hoch und versuchte den Ball wegzufausten, erwischte ihn unglücklich und lenkte ihn doch nur wieder über das eigene Tor.

»Ecke!«, entschied der Schiedsrichter.

Jetzt geht das Gerangel wieder los!, dachte Tim Trickmann.

Und er hatte Recht. Während sich Sven vom BVN den Ball am Eckpunkt zurechtlegte, wurde im Strafraum des SC 1848 schon wieder geschubst und geschoben. Der Schiedsrichter gab den Ball frei.

Da schrie Tori Flori plötzlich: »Foul! Foul! Lass los, du Esel!«

Aber Sven schoss den Eckball hoch in den Strafraum, irgendwer hielt den Kopf hin und schon zappelte das Leder im Netz.

Die Fans des BVN jubelten, dass die Erde bebte!

Aber der Schiedsrichter gab das Tor noch nicht. Stattdessen winkte er vier Spieler zu sich: Tori Flori vom SC 1848 und vom BVN mussten die Spieler Sascha (7), Basti (11) und Lukas (8) zum schwarzen Mann kommen.

»Was war los?«, fragte der Schiedsrichter Tori Flori.

»Einer von denen hat mich an der Hand festgehalten.«

»Quatsch nicht!«, rief Sascha Wollschläger sofort. »Oder kannst du das etwa beweisen?«

»Ja, das kann ich!«, rief Tori Flori wütend. Er zeigte dem Schiedsrichter seine rechte Hand. »Der Kerl hat mich so festgehalten, dass er mir sogar meinen Torwarthandschuh ausgezogen hat, als ich aus dem Tor gerannt bin, um den Ball zu halten.«

»Und wer soll das gewesen sein?«, fragte Sascha Wollschläger. »Einer von uns etwa? Das glauben Sie doch hoffentlich nicht, Herr Schiedsrichter!«

Sascha Wollschläger guckte besonders unschuldig. Und auch Lukas und Basti beteuerten, dass sie den Torwart nicht angerührt hätten.

Der Schiedsrichter musterte alle vier Spieler kritisch. Dann zückte er die gelbe Karte.

Frage an dich: Gilt das Tor? Und wer bekommt die gelbe Karte?

Elfmeterschießen

Der Schiedsrichter pfiff. Die reguläre Spielzeit war vorbei. Es stand noch immer 1:1.

»Ich hasse Elfmeterschießen«, murmelte Tim Trickmann.

Das war doch das reinste Glücksspiel. Er lief zu seinem Torwart Tori Flori, um dem Jungen Mut zuzusprechen.

Aber Tori Flori war ganz guter Dinge. »Wer schießt denn beim BVN die ersten drei Dinger?«, fragte er.

»Keine Ahnung«, sagte der Trainer.

»Dann krieg's raus und sag's mir, Chef. Aber schnell!«, antwortete Tori Flori.

Tim Trickmann lief zum Schiedsrichter, der sich gerade notierte, in welcher Reihenfolge die Spieler der beiden Mannschaften auf das Tor schießen wollten.

»Wer fängt an?«, fragte Tim Trickmann.

»Beim BVN fängt Sascha mit der Nummer 7 an,

dann folgen Ben mit der 6, Lukas mit der 8 und dann kommt der junge Mann mit der 10. Und bei Ihnen vom SC 1848?«, fragte der Schiedsrichter.

»Wir beginnen mit Käpten Pitt, dann Jamaika, Pia und Paul«, sagte Tim Trickmann. Aber dann beeilte er sich, um Tori Flori rasch zu sagen, mit wem er es in welcher Reihenfolge zu tun haben würde.

Da grinste der schmächtige Torwart des SC 1848. »Der erste wird Glückssache«, sagte er. »Aber die nächsten drei kann ich halten!«

Trainer Tim Trickmann konnte das kaum glauben. »Warum bist du dir da so sicher?«

»Weil ich anscheinend einen heimlichen Fan habe, der den BVN genauestens kennt!«, sagte Tori Flori. Er reichte Tim Trickmann einen Zettel. »Den Zettel habe ich in meinem Schuh gefunden!«

Tim Trickmann faltete das Blatt auseinander. Er verstand kein Wort von dem, was da stand.

Aber Tori Flori war anscheinend bestens vorbereitet! Sascha Wollschläger mit der Nummer 7 trat den ersten Elfmeter und traf. Es stand somit 2:1.

Nun aber war der SC 1848 an der Reihe. Käp-

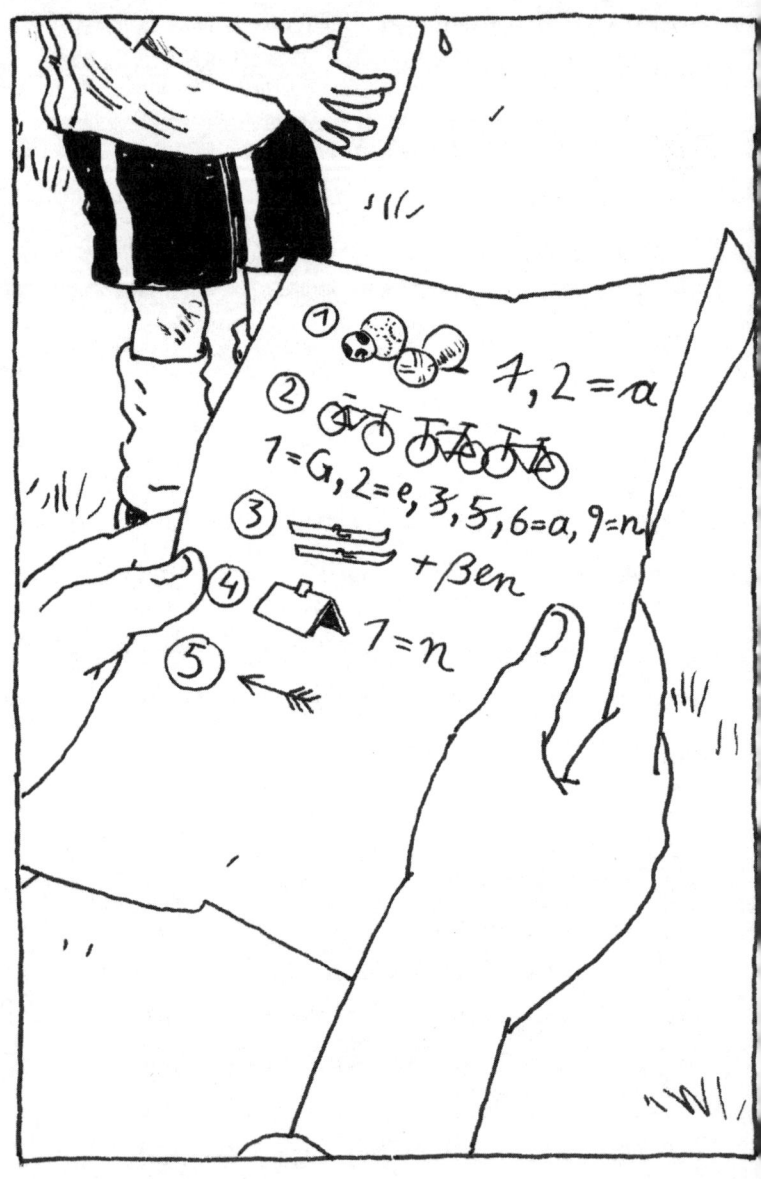

ten Pitt legte sich den Ball zurecht, schoss und traf. 2:2.

Dann war der BVN wieder dran. Ben, der Junge mit der 6, schoss. Tori Flori warf sich in eine Ecke. Und zwar in die richtige! Gehalten!

Jamaika vom SC 1848 hingegen verwandelte den nächsten Elfmeter sicher zum 3:2 für den SC 1848.

»Wenn Tori Flori den nächsten hält, haben wir gewonnen!«, flüsterte Tim Trickmann. Er machte sich vor Spannung fast in die Hose!

Aber Tori Flori wirkte ganz entspannt. Der Schütze des BVN war Lukas mit der 8. Der fackelte nicht lange und schoss. Aber Tori Flori war auf Zack und hielt wieder!

Unbeschreiblicher Jubel brach los! Der SC 1848 hatte 3:2 gegen den BVN gewonnen! Der Schweinspokal, die größte und wichtigste Auszeichnung der Stadt, gehörte nun endlich ihnen. Und Tori Flori war der Held des Tages!

Frage an dich: Welche geheime Botschaft steht auf dem Zettel von Tori Flori?

Betrug?

»Aus, Pfusch, Betrug!« Hans Heiser kam in die Kabine des Schiedsrichters gestürmt. »Das war doch ein abgekartetes Spiel! Sie sind von den Jungs vom SC 1848 bestochen worden!«

Der Schiedsrichter hatte für diese Anschuldigung nicht mehr als ein müdes Lächeln übrig. »Blödsinn!«

»Das ist überhaupt kein Blödsinn! Ich habe drei Zeugen!« Hans Heiser schob zwei Mädchen und einen Jungen in den Raum.

»Und was wollt ihr gesehen haben?«, fragte der Schiedsrichter.

»Da sind vor dem Spiel zwei Jungs durchs Fenster in Ihre Kabine geklettert. Der eine hatte ein ganzes Bündel Geldscheine in der Hand. Dann sind die wieder rausgeklettert«, sagte eines der Mädchen.

»Den einen kenne ich, der heißt Oskar«, sagte das zweite Mädchen.

»Und der andere war Pitt!«, sagte der Junge.

Hans Heiser grinste. »Sie sehen, wir haben Sie überführt! Nun geben Sie schon alles zu! Das Spiel haben wir vom BVN gewonnen, weil Sie bestochen wurden. Wenn Sie das nicht sofort zugeben, wird das das Sportgericht sowieso so entscheiden.«

Aber der Schiedsrichter winkte nur ab. »Ich wusste ja gar nicht, dass Sie ein so schlechter Verlierer sind, Herr Heiser. Ich würde mich jetzt gerne duschen und dann die Siegerehrung mitkriegen.«

»Wie? Sie glauben uns wohl nicht?«, rief Herr Heiser heiser.

»Nein«, der Schiedsrichter seufzte. »Und kein Richter der Welt wird Ihnen glauben. Denn an Ihrer Geschichte ist etwas ziemlich faul!«

Frage an dich: Was meint der Schiedsrichter damit?

Die Siegerehrung

»Sehr geehrte Damen und Herren, liebe Spielerinnen und Spieler, es freut mich, dass wir an diesem sonnigen Samstage ...« Metzgermeister Hackebeil, der den Schweinspokal gestiftet hatte, hob zu einer großartigen und langen Rede an.

Die Spielerinnen und Spieler des SC 1848 standen vor der Tribüne und gähnten. Irgendwie schienen während dieser Rede alle zu gähnen und einzuschlafen. Selbst der Fotograf der Zeitung trippelte ungeduldig von einem Bein aufs andere. Er wollte endlich das Foto von der Mannschaft schießen, die den Pokal in Händen hielt.

Auch Käpten Pitt und Paul konnten es kaum erwarten, dass sie mit dem Pokal fotografiert würden. Denn das hatten sie Sascha Wollschläger ja prophezeit.

Nach einer halben Stunde beendete Metzgermeister Hackebeil seine Rede endlich mit den Worten: »Darum überreiche ich nun den Schweinspokal dem SC 1848!« Aber Hackebeil griff ins Leere. Der Pokal war verschwunden.

Herr Hackebeil starrte auf die Stelle, an der noch vor kurzem der Pokal gestanden hatte. Das samtrote Deckchen war noch da. Aber vom Pokal fehlte jede Spur!

»Schlotterteich, sind Sie noch da?«, rief Metzgermeister Hackebeil ins Mikrofon.

Aber da kam schon der Platzwart aus seinem Büro. »Das ist kein schwieriger Fall, Herr

Hackebeil!« Der Platzwart wedelte mit zwei Fotos. »Die Überwachungskamera knipst ja alle zehn Sekunden ein Bild. Ich habe hier die zwei entscheidenden Aufnahmen.«

»Und jetzt?« Der Metzger starrte auf die beiden Bilder. »Ich sehe, dass der Pokal auf dem zweiten Bild verschwunden ist. Aber wo zum Kuckuck ist er?«

Tim Trickmann sah sich die Bilder ebenfalls an. Er grinste.

»Okay, ich weiß, dass der Schweinspokal sehr schön ist.«

»Darum wurde er geklaut?«, fragte Hackebeil.

»Nein«, antwortete Trickmann. »Vermutlich wollte der Täter verhindern, dass unser Freund von der Zeitung das Foto von Käpten Pitt mit dem Pokal in der Hand knipst. Aber wer den Schweinspokal haben will, der muss eben das Finale gewinnen. Ich schlage vor, dass wir alle Augen zudrücken, wenn der Täter den Pokal jetzt sofort wieder rausrückt.«

»Wissen Sie etwa, wer ihn hat?«, flüsterte Metzgermeister Hackebeil.

Tim Trickmann nickte.

Frage an dich: Wo ist der Schweinspokal?

Das Fest!

»Leute, ihr seid große Klasse gewesen!«, rief Trainer Tim Trickmann. »Zur Feier des Tages lade ich euch alle zu mir in den Garten ein! Wir grillen!«

»Super!«, jubelte die Mannschaft.

Sogar Hasso wachte auf und trottete schwanzwedelnd um sein Herrchen herum.

Die Sonne lachte sich nun halb kaputt und die Mannschaft marschierte in den Garten der Trickmanns. Tim Trickmann lobte jeden Spieler, verteilte Getränke und Würstchen.

Trixi Trickmann kam mit einer großen Schüssel Kartoffelsalat aus dem Haus. Aber die Spieler kannten die Kochkünste von Frau Trickmann schon: Sie war die schlechteste Köchin der Welt.

»Die Kartoffeln sind extra knackig«, pries Trixi Trickmann die versalzene Matschepampe an. »Ich habe sie diesmal nur zwei Stunden kochen lassen. Außerdem habe ich eine alte Fußballschuhsohle meines Mannes als Glücksbringer in der Schüssel versteckt. Wer die findet, bekommt noch eine Extraportion!«

Den Kartoffelsalat rührte niemand an. Auch Tim Trickmann ließ lieber die Finger davon. Er sank erschöpft in einen Gartenstuhl. Die letzten Tage und das Spiel waren schon verrückt gewesen – so viele merkwürdige Pannen an einem Stück hatte er noch nie erlebt.

»Hoffentlich geht das nicht so weiter«, murmelte der Trainer.

»Bestimmt nicht, Trainer«, sagte Käpten Pit. »Es sei denn, du überlässt deiner Frau das Grillen.«

Trainer Trickmann ließ seinen Blick über die Mannschaft, seine Frau und den Garten schweifen.

»Das kann doch nicht wahr sein!«, lachte Tim Trickmann und sprang von seinem Stuhl auf.

Frage an dich: Was hat der Trainer entdeckt?

Lösungen

Seite 9

Du Hund!

Hier sind die fünf Bälle versteckt:

Seite 13

Training ohne Trainer

Da es regnet, sind alle ziemlich nass und schmutzig – nur der Torwart nicht. Der sieht noch blitzsauber aus. Vermutlich ist er erst kurz vor dem Trainer auf dem Platz eingetroffen!

Seite 17

Die drei goldenen Regeln

Abwehrspieler Matze mit der Nummer 3 hat keine Fußballschuhe, sondern Gummistiefel an. Er verstößt damit gegen die zweite goldene Regel von Trainer Trickmann.

Seite 21

Dribbling

Nur die Spur von Betty führt ins Tor!

Seite 24

Im Trainingslager

Lösung: Tori Flori!

Das Abendessen gibt es immer um 18 Uhr und die Spieler haben zum Essen 30 Minuten Zeit. Doch jemand hat den Wecker um eine Stunde vorgestellt – die Uhr zeigt 17:30 Uhr an! Das muss Tori Flori gewesen sein, der länger schlafen will. Der Umschlag mit der Aufschrift »Aufstellung« ist noch immer verschlossen, ebenso der Schrank mit den Trikots.

Seite 29

Augenglühen und Fußschnupfen

Zettel 1: Entweder du bist krank am Samstag oder dein Hamster ist am Sonntag matsche!

Zettel 2: Wenn du am Samstag nicht krank bist oder alle Bälle durchlässt, wirst du das ab Montag bereuen!

Rotzfrech

Sascha hat zwar gesagt, dass er nicht weiß, wie
die Spieler heißen. Aber auf seinem Schreibtisch
liegen Zettel, auf denen die Namen von Oskar
und Robert stehen – mit Adresse!

Nicht mit Trickmann! Oder doch?

Auf dem Mannschaftsfoto des BVN ist auch Sascha Wollschläger mit der Nummer 10 zu sehen. Die ganze Mannschaft ist normal gekleidet. Nur der Kapitän hat das Trikot falsch herum an, mit der Nummer nach vorne!

Seite 41

Streng geheim

Die Namen müssen von hinten gelesen werden. Die Aufstellung des BVN lautet:

1. Torsten
2. Heribert
3. Kevin
4. Dennis
5. Christian
6. Benjamin
7. Sascha
8. Lukas–Fridolin
9. Sven
10. Rudi
11. Sebastian

Seite 44

Fair geht vor!

Trainer Trickmann entdeckt auf dem Tisch eine Geburtstagstorte mit genau 13 Kerzen! Rudi wird also 13 Jahre alt. In der E-Jugend sind aber nur Spieler bis zehn Jahre zugelassen.

Seite 48

Der große Tag

Oskar Stoppersocke mit der Nummer 4 hat das falsche Trikot angezogen. Die Streifen unterscheiden sich von den Trikots der anderen Jungs.

Seite 52

Vor dem Anpfiff

Nur wenige Fans tragen Fahnen für den BVN oder den SC 1848. Die meisten Fahnen und Schilder sind vom 1. FC oder vom VfB. Da haben sich die Fans wohl im Stadion vertan!

Seite 56

Anpfiff!

Der BVN hat zwölf Leute auf dem Feld.

Seite 60

Aufgepasst!

Es sind zwei Bälle auf dem Spielfeld.

Seite 63

Was ist bloß mit dem Schiri los?

Kevin muss lachen, weil der Schiedsrichter ihm nicht die rote Karte, sondern ein Herzass zeigt.

Seite 66

Ertappt, erwischt und geschnappt!

Auf der Bank der Ersatzspieler sitzt ein Mann, der eine Kette mit Kugel am Fuß hat. Der muss aus dem Gefängnis entlaufen sein.

Seite 70

Schiedsrichter und Ampeln

Nein, eigentlich hätte dieses Tor nicht gezählt werden dürfen! Einer der Spieler des BVN hat einen Hockeyschläger. Das ist natürlich verboten.

Seite 74

Konzentration!

Der Trainer meint seinen Torwart Tori Flori, der ein Kaninchen jagt.

Seite 77

Der Bogenschuss

Nicht der Torwart, sondern einer der Abwehrspieler hält den Schuss von Käpten Pitt. Der Torwart steht neben dem Tor.

Seite 80

Zwei gegen fünf

Da Pia Basti deckt und Sascha weiß, dass Ben nur auf Basti weiterleiten wird, wird Sascha auf Lukas mit der Nummer 8 spielen.

Seite 84

Rangelei im Strafraum

Das Tor gilt nicht, da der Torwart behindert wurde. Der Spieler hinten rechts war's. Er hat den Torwarthandschuh, den er Tori Flori beim Gerangel im Strafraum ausgezogen hat, einfach in seinen Hosenbund gesteckt.

Seite 88

Elfmeterschießen

Lösung:

(1) Alle

(2) Geraden

(3) schießen

(4) nach

(5) links

Seite 92

Betrug?

Das Fenster in der Kabine des Schiedsrichters, durch die Oskar Stoppersocke und Käpten Pitt geklettert sein sollen, ist vergittert! Die Zeugen haben also gelogen.

Seite 95

Die Siegerehrung

Auf dem zweiten Bild ist der Pokal verschwunden. Es ist Hans Heiser, der den Pokal mit dem Fuß unter dem Tisch verschwinden lässt!

Das Fest

Auf dem Grill liegt ein Fußballschuh!

Auch Niklas hat nichts als Fußball im Kopf. Beim nächsten großen Spiel will er auf keinen Fall die Ersatzbank drücken wie sonst immer. Ob sein Traum in Erfüllung geht?

Es folgt eine Leseprobe aus »Fußball und sonst gar nichts!« von Andreas Schlüter und Irene Margil.

FOUL!

Am Mittwoch darauf ist Niklas der Erste beim Training. Heute will er sich besonders anstrengen. Nicht, dass der Trainer es sich noch mal anders überlegt! Beim nächsten Spiel darf Niklas endlich mitspielen. Von Anfang an!

Gut gelaunt läuft Niklas auf den Trainingsplatz und übt schnell noch mal, ein bisschen mit dem Ball zu jonglieren. Von weitem sieht er Freddy kommen.

Ob der böse auf ihn ist?

Freddy unterhält sich mit Tobias, der natürlich wieder neben ihm geht. Tobias hängt immer an Freddy wie ein Schatten. Und egal, was Freddy sagt, Tobias stimmt ihm immer zu. Doch diesmal scheint Tobias anderer Meinung zu sein. Haben die Streit? Das hat es ja noch nie gegeben!

Für einen Moment vergisst Niklas sogar seinen Ball, der ihm unkontrolliert vom Fuß prallt. So sehr haftet sein Blick an den beiden.

Freddy packt Tobias am Kragen und schüttelt ihn durch. Tobias schubst Freddy zurück. Niklas glaubt seinen Augen nicht zu trauen.

Der Trainer unterbricht die Auseinandersetzung mit seiner Trillerpfeife.

„Alle mal herhören!", ruft er. „Heute beginnen wir ausnahmsweise mal mit einem Trainingsspiel. Ich will euch zeigen, was ihr letzten Sonntag falsch gemacht habt und weshalb wir verloren haben."

Er hält einen Stapel Leibchen in der Hand, die er nun verteilt: sechs rote und sechs blaue. „Rot gegen Blau!"

Niklas bekommt ein rotes Leibchen. Freddy auch.

Tobias hat ein blaues Leibchen.

Rudi spielt auch in der roten Mannschaft. Wunderbar!, findet Niklas. Da kann er dem Trainer gleich zeigen, dass er im Gegensatz zu Freddy ein Auge auf das ganze Spiel hat und sieht, wenn Rudi frei steht.

Kaum hat Niklas den ersten Ballkontakt, sucht er auch sofort Rudi, um ihn anzuspielen. Er läuft noch einige Schritte, um sich in eine bessere Position zum Flanken zu bringen. Und auch, um seine Schnelligkeit unter Beweis zu stellen. Aus vollem Lauf will Niklas flanken, genau so wie er es im Spiel am vergangenen Sonntag gern getan hätte, wenn er mitgespielt hätte.

Er legt sich den Ball vor. Weit und breit noch immer kein Gegenspieler zu sehen. Niklas ist einfach zu schnell. Wie immer hat Rudi sich freigelaufen. Das kann er. Rudi hängt jeden ab. So auch Tobias. Zwei geschickte Körpertäuschungen und Rudi ist Tobias los, läuft ohne Ball voran zum Tor. Heftig winkt er Niklas zu. So wie er Sonntag Freddy zugewinkt hat. Ganz frei steht er vor dem Tor.

Niklas nimmt Maß, legt noch einen Zahn zu. Keiner kann mit dem Ball am Fuß so schnell laufen wie Niklas.

Kay rennt ihm nach. Ohne Ball, ist aber trotzdem langsamer. Niklas wird flanken, bevor Kay ihn erreicht hat. Er wird sich nicht wie Freddy verdribbeln.

Doch nun kommt auch Tobias auf ihn zu. Von schräg vorn.

Wieso das denn?, fragt sich Niklas. *Wieso deckt der nicht Rudi?* Niklas gibt dem Ball noch einen kleinen Tick, beschleunigt noch einmal, holt alles aus sich heraus, hat jetzt volles Tempo.

Tobias beschleunigt ebenfalls, senkt den Kopf wie ein wilder Stier und stampft auf Niklas zu.

Rudi winkt.

Niklas holt aus.

Kay schafft es nicht.

Niklas will flanken.

Doch genau in dem Augenblick springt Tobias mit beiden Beinen voran ab und grätscht Niklas brutal in die Beine. Er trifft den Ball nicht, aber Niklas' Knöchel.

Niklas schreit auf vor Schmerz, fällt, überschlägt sich, schlittert über den spitzen Schotter des Grandplatzes, rollt noch ein paar Meter und bleibt schließlich liegen. Seine Knie schmerzen, die Oberschenkel brennen wie Feuer.

Doch kein Pfiff ertönt.

Niklas schaut auf und sieht, wie sich Tobias ohne das kleinste Wehwehchen wieder aufrichtet und ihn frech angrinst. Der Ball ist ins Seitenaus gekullert. Kein Protest von Freddy, der diese Szene genau gesehen hat.

Kein Schimpfen, kein Maulen! Freddy schimpft in solchen Situationen sonst immer. Gern und laut. Jetzt nicht.

Wieso nicht?

Stattdessen sieht Niklas Freddys geschlossene Faust mit einem Daumen nach oben Richtung Tobias zeigen. Freddys Zeichen für „Okay! Gut gemacht! Weiter so!".

Niklas kann es nicht fassen. Freddy ist in seiner Mannschaft, Tobias in der anderen! Wieso freut sich Freddy über ein Foul gegen die eigene Mannschaft?

Niklas versteht die Welt nicht mehr.

„Tobias! Was machst du da? Das bringt doch nichts!" Der Trainer schüttelt verständnislos den Kopf. „Vergiss Rudi nicht, den hättest du decken müssen. Kay war doch bei Niklas."

Dann wendet er sich an Niklas: „Hast du dir wehgetan?"

Niklas schüttelt tapfer den Kopf, obwohl seine Knie aufgeschrammt sind und sogar bluten. Er steht auf und muss die ersten Schritte humpeln. *Aber es geht schon*, denkt er.

Auch nach weiteren zehn Minuten hat das Spiel keinen Fluss. Ständig muss unterbrochen werden.

Der Trainer pfeift schon wieder ab.

„Alle mal herkommen!", ruft er die Spieler zusammen. „Und gut zuhören! Das sind die gleichen Fehler wie im letzten Spiel. Merkt ihr das nicht? Also, Regel Nummer eins: Wir setzen uns für jeden Ball ein, wir geben keinen verloren. Nehmt euch ein Beispiel an Niklas!" Der Trainer zwinkert Niklas aufmunternd zu. „Super, wie du zweimal den Ball mit deinem Sprint noch erreicht hast."

Niklas merkt, wie er rot anläuft. Vermutlich noch roter als seine geschwollenen Knie. So viel Lob hat er vom Trainer noch nie bekommen.

„Regel Nummer zwei: Wir lassen uns den Ball nicht leichtsinnig abnehmen. Niklas, das war bei dir der Fall!

Warum lässt du ihn dir von Tobias wieder abluchsen?",
fragt ihn der Trainer.

„Aber Tobias hat mir doch voll von der Seite ...",
beginnt Niklas, doch eine Schuhspitze in seiner Kniekehle
hält ihn vom Weitersprechen ab.

Trotzdem antwortet der Trainer: „Aber, aber ...! Das
Wort will ich gar nicht hören. Wenn jemand kommt,
musst du schneller abgeben. Aber du hast Tobias gar nicht
gesehen, sondern viel zu lange überlegt! Du hast dich von
Tobias austricksen lassen!"

Natürlich hat Niklas Tobias gesehen! Tobias hat ihn
gefoult! Bloß das hat der Trainer nicht gesehen! Aber wie
soll Niklas das dem Trainer erklären? Und dann hat sich
Freddy sogar noch über das Foul an seinem eigenen Mit-
spieler gefreut! Dazu sagt der Trainer gar nichts!

Geknickt hört Niklas nur noch halb zu, während der
Trainer weitere Regeln aufzählt.

Wer hat ihn da eigentlich gerade von hinten in die Kniekehle getreten? Haben es heute alle auf ihn abgesehen?

Niklas dreht sich um. Tobias steht ganz hinten.

Stand er nicht eben noch direkt hinter mir?, rätselt Niklas.

„Und jetzt denkt an die Regeln!", brüllt der Trainer so
laut, als seien sie heute beim Training nicht zwölf Spieler,
sondern hundert, die ihn hören sollen.

Erneut pfeift er das Trainingsspiel an.

Fußballvernarrt

A. Schlüter / I. Margil
Fußball und sonst gar nichts
Illustriert von Markus Grolik
208 Seiten
Taschenbuch
ISBN 978-3-551-35924-7

Niklas kickt begeistert in der D-Jugend seines neuen Fußballvereins. Bei den Spielen sitzt er jedoch nur auf der Ersatzbank. Aber beim nächsten Spiel darf er endlich ran und kann allen zeigen, was er drauf hat. Sein Glücksbringer, der Gummigecko Raufuß, wird ihm ganz bestimmt dabei helfen. Doch Niklas' Einsatz gerät trotzdem in Gefahr, denn nicht jeder scheint ihm seinen Platz im Team zu gönnen.

CARLSEN
www.carlsen.de

Torschützenkönig

Kjersti Wold
**Fußballgötter fallen
nicht vom Himmel**
192 Seiten
Taschenbuch
ISBN 978-3-551-35486-0

Glück müsste man haben, denkt sich Exakt, als er
mal wieder von einer Karriere als Fußballstar träumt.
Glück und ein paar Zentimeter mehr, denn bei einer
Größe von nur 1,33 m in Socken hilft auch der
coolste Name nichts! Wie gut, dass plötzlich Zweime-
ter auftaucht, von dem Exakt nicht nur einen un-
schlagbaren Trick fürs Fußballspielen erhält, sondern
auch ungewöhnliche Tipps in Sachen Liebe. Und die
kann er schon bald gut gebrauchen ...

Fahrraddiebe!

Christian Tielmann
**Oskar, Chili und
die Tonka-Bande**
128 Seiten
Taschenbuch
ISBN 978-3-551-35746-5

Kaum ist Chili, die Neue in der Klasse, Mitglied in
Oskars Bande geworden, steckt sie auch schon
mittendrin im Bandenkrieg zwischen Oskar und
seinem Rivalen Viktor Tonka. Und dann wird auch
noch Oskars Rad geklaut! Wie gut, dass Oskar zwei
Geheimstifte besitzt, mit denen er und Chili unsicht-
bare Nachrichten verfassen können. Langsam aber
sicher kommen sie damit den Tätern tatsächlich auf
die Spur!

CARLSEN
www.carlsen.de

Freunde für immer

Rudolf Herfurtner
**Zwei Freunde durch
dick und dünn**
144 Seiten
Taschenbuch
ISBN 978-3-551-35632-1

So einen Freund wie Max gibt es nicht noch mal auf
der Welt, da ist sich Tommi ganz sicher. Schon gar
nicht in der neuen Schule! Die Einzige, die er nett findet, ist Mona. Aber Mona ist ein Mädchen. Und dann
gibt es noch Kurti, der sofort klarstellt, was er alles
nicht ausstehen kann: Schleimer, Weicheier und
Mädchen – Mona zum Beispiel. Tommi steckt in der
Klemme. Doch dann erlebt er mit Kurti das Abenteu-
er seines Lebens und das ändert alles!

www.carlsen.de